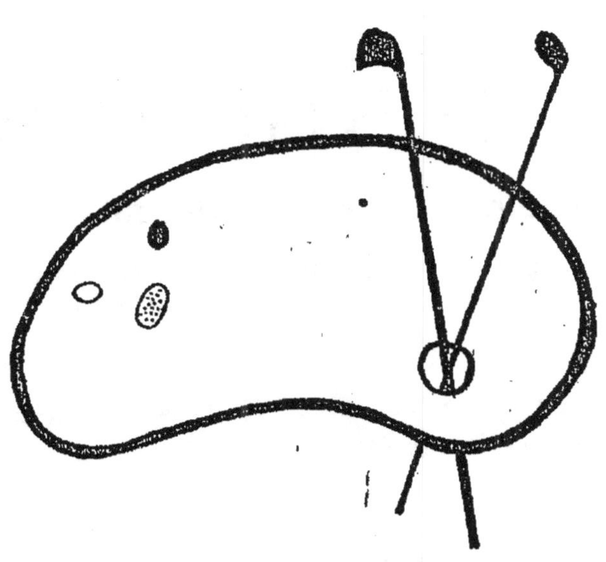

DEBUT D'UNE SERIE DE DOCUMENTS
EN COULEUR

# DES CENSURES

## Qui atteignent la Liquidation

### des biens ecclésiastiques et des congrégations religieuses

PAR

### Dom Pierre BASTIEN

Moine bénédictin de Maredsous (Belgique)

PARIS

## LIBRAIRIE BLOUD & Cie

4, RUE MADAME ET RUE DE RENNES, 59

1905

# SCIENCE ET RELIGION

**Études pour le temps présent. — Prix 0 fr. 60 le vol.**

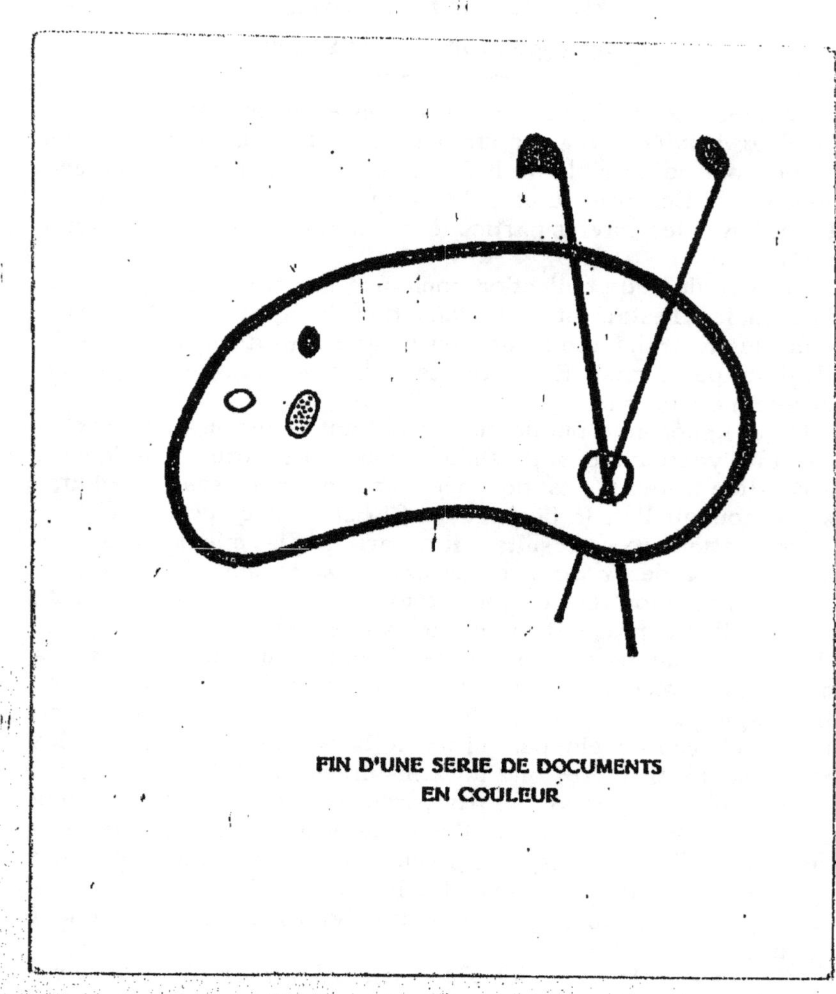

FIN D'UNE SERIE DE DOCUMENTS
EN COULEUR

# LIQUIDATION

### DES

# BIENS ECCLÉSIASTIQUES

SCIENCE ET RELIGION
Études pour le temps présent

# LIQUIDATION

## DES

# BIENS ECCLÉSIASTIQUES

PAR

## Dom Pierre BASTIEN

Bénédictin de Maredsous (Belgique)

PARIS

## LIBRAIRIE BLOUD & C<sup>ie</sup>

4, RUE MADAME ET RUE DE RENNES, 59

1905

Tous droits réservés.

# LIQUIDATION

## DES

# BIENS ECCLÉSIASTIQUES

## AVANT-PROPOS

Quiconque jette un coup d'œil sur l'histoire du monde est frappé de la lutte incessante que l'Eglise eut à soutenir, non seulement pour la défense de ses dogmes, mais encore pour celle de ses biens temporels, nécessaires à l'honnête entretien de ses ministres et au soutien des indigents et des pauvres.

La propriété monastique et religieuse fut peut-être plus que toute autre en butte aux spoliations de tout genre. Il serait trop long de retracer ici la longue série de ces attentats. Limitons-nous aux temps modernes. L'Italie au XIX$^e$ siècle donna l'exemple : à partir de 1860, les ordres et corporations religieuses furent supprimées et leurs biens confisqués. En retour, il est vrai, le gouvernement paya une pension aux religieux survivants. Le Kulturkampf sévit en Allemagne, dès 1872 ; mais, du moins, il respecta en partie la propriété des biens ecclésiastiques et religieux. En France, la chose se passa et se passe à peu près comme en Italie.

On a dit de la loi sur le droit d'accroissement: *C'est une loi boiteuse, c'est une hérésie en droit fiscal.* Elle équivalait, d'après le *Journal de l'Enregistrement* (1), à une véritable confiscation. Ce n'était cependant, et on a eu tort de ne pas le considérer assez, qu'une première étape. A la confiscation apparente, mais réelle, succède la confiscation brutale et arbitraire : aujourd'hui on liquide les biens des Congrégations, et cela en vertu d'une loi ! Loi inique certes, ne reposant sur aucun fondement juridique, mais uniquement sur l'arbitraire ; loi immorale, qui n'impose par conséquent aucune obligation en conscience.

Mais il y a plus : les auteurs et les exécuteurs de cette loi s'exposent à des peines ecclésiastiques très graves.

De deux choses l'une en effet : ou les biens en liquidation appartiennent *réellement* au propriétaire nominal, ou, par suite de son interposition, ils sont biens de la Congrégation. Nous n'avons pas à examiner ici laquelle de ces deux hypothèses se réalise

(1) Janvier 1890, numéro 23.308.

en fait. Mais il est certain et incontestable que, dans le premier cas, même sous l'empire de la loi de 1901, personne, quelle que soit l'autorité qu'il revête, n'a le droit d'enlever ces biens à leurs légitimes propriétaires, puisque cette loi ne prétend atteindre que les biens de la *Congrégation*. Par conséquent, enlever les biens des *particuliers*, ce serait un vol qui ne pourrait se couvrir même des apparences d'une prétendue légalité ; un vol qui obligerait son auteur à la restitution et à la réparation des dommages causés.

Dans le second cas, la question, au point de vue de la conscience, reste identiquement la même, car ces biens ont un propriétaire légitime : la Congrégation. Mais de plus, comme biens de Congrégation, ce sont des biens ecclésiastiques et, à ce titre, des biens inviolables. Cette inviolabilité prohibe expressément leur usurpation par les laïcs, quels qu'ils soient, ainsi que leur transfert à une fin séculière. En d'autres termes, elle défend leur sécularisation, ou ce que l'on s'est plu à nommer en 1789 *mainmise nationale*, non moins que leur incorporation au trésor public. Le droit naturel et divin, ainsi que le droit civil, garantissent au propriétaire légitime la possession de ses biens. Il y a donc devant Dieu une injustice notoire à s'en emparer, injustice qui exige une réparation ; il y a un sacrilège abominable : ces biens sont la possession de l'Eglise, et par conséquent sont considérés comme des choses sacrées. Il y a plus : de par la loi ecclésiastique, les usurpateurs de ces biens encourent l'excommunication.

Cette peine portée contre les envahisseurs des biens des religieux est d'origine fort ancienne. Une étude récente sur les monastères de France au VI<sup>e</sup> siècle nous fournit à ce sujet d'intéressants renseignements. Nous aimons à la citer à cause de sa couleur locale. Les moines furent souvent aux prises avec des bandits, soldats, princes ou autres, qui n'avaient aucun scrupule de faire main basse sur leurs biens. Les Evêques avaient la stricte mission de défendre les moines et leurs propriétés. Mais leur voix n'était pas toujours entendue. Divers Conciles, et notamment le cinquième Concile d'Orléans, en 549, can. 13, 16, le Concile de Tours, en 567, can. 25, promulguèrent des peines sévères contre tous ceux qui oseraient s'emparer des propriétés ecclésiastiques ou monastiques. Les moines, de leur côté, devaient revendiquer énergiquement leurs droits. Si leurs réclamations demeuraient inefficaces, ils recouraient à la prière expiatoire et récitaient le psaume 107 pour appeler sur les coupables *la propre malédiction de Judas.* Aux âges de foi, cette malédiction solennelle produisait un grand effet, et il fallait pour la braver une grande audace (1). Nous ne savons ce que penseront les modernes envahis·seurs des biens des religieux. Une chose est du moins certaine et confirmée par le témoignage irréfragable de l'histoire : ces propriétés n'ont pas plus profité aux individus qu'aux gouvernements. Luther lui-même, et certes son dire est d'un grand poids, n'écrivait-il pas : *Experientia comprobat, eos qui ecclesiastica bona ad se traxerunt, ob ea tandem depauperari ac mendicos fieri?* (2) C'est bien la même pensée que Crébillon exprimait d'une façon si originale :

> *Ah ! peut-on hériter de ceux qu'on assassine ?*

(1) *Science catholique,* septembre 1902 : *Les Monastères en France au VIe siècle,* par Dom Besse, O. S. B.

(2) *In symposiacis,* c. ıv. « L'expérience prouve que ceux qui s'emparent des biens ecclésiastiques, finissent par s'appauvrir et être enfin réduits à la mendicité. »

# CHAPITRE I

## Censures qui frappent la liquidation actuelle et leur portée exacte.

*Sommaire.* — Texte du Concile de Trente. — Biens protégés par la censure. — Actes atteints par la censure du Concile de Trente. — Violation de la clôture papale.


## § I. — *Le Concile de Trente et les usurpateurs de biens ecclésiastiques.*

Au xvi° siècle, la Réforme n'eut rien de plus empressé, en Allemagne et en Angleterre, que de spolier de leurs biens les églises et les monastères. C'est du reste le caractère spécial de toutes les prétendues réformes, même au xx° siècle. Le Concile de Trente, voulant prévenir les funestes conséqnences de ces envahissements et protéger d'une manière efficace les biens ecclésiastiques, prononça l'anathème contre leurs usurpateurs, quelle que fût leur dignité. La

Constitution *Apostolicæ Sedis* a maintenu cette ex-communication parmi celles *qui sont simplement ré-servées au Souverain Pontife*, et encourues *par le seul fait*. De plus elle lui a laissé la qualité que lui avait attribuée le Concile. En voici les termes :

*Si quem clericorum vel laicorum, quacumque is dignitate, etiam imperiali aut regali, præful-geat, in tantum malorum omnium radix cupiditas occupaverit, ut alicujus ecclesiæ, seu cujusvis sæ-cularis vel regularis beneficii, montium pietatis, aliorumque piorum locorum jurisdictiones, bona, census ac jura, etiam feudalia et emphyteutica, fructus, emolumenta, seu quascumque obven-tiones, quæ in ministrorum et pauperum necessi-tates converti debent, per se vel pér alios vi vel ti-more incusso, seu etiam per suppositas personas clericorum aut laicorum, seu quacumque arte aut quocumque quæsito colore in proprios usus con-vertere, illosque usurpare præsumpserit, seu im-pedire, ne ab iis, ad quos jure pertinent, perci-piantur, is anathemati tamdiu subjaceat, quam-diu jurisdictiones, bona, res, jura, fructus et reditus, quos occupaverit, vel qui ad eum quo-modocumque, etiam ex donatione suppositæ per-sonæ, pervenerint, ecclesiæ ejusque administra-tori sive beneficiato integre restituerit, ac deinde a Romano Pontifice absolutionem obtinuerit.*

*Quodsi ejusdem ecclesiæ patronus fuerit, etiam jure patronatus ultra prædictas pœnas eo ipso privatus existat. Clericus vero, qui nefandæ fraudis et usurpationis hujusmodi fabricator vel consentiens fuerit, eisdem pœnis subjaceat, necnon quibuscumque beneficiis privatus sit, et ad quæcumque alia beneficia inhabilis efficiatur, et a suorum ordinum executione etiam post integram satisfactionem et absolutionem sui Ordinarii arbitrio suspendatur* (1).

(1) Sess. xxii, c. xi de Reformatione. « Si quelque ecclésiastique ou laïque, de quelque dignité qu'il soit, fût-il même empereur ou roi, ose, sous quelque prétexte que ce puisse être, convertir à son usage et usurper, par soi-même ou par autrui, par violence ou par menaces, les juridictions, biens, cens, droits et revenus d'une église, d'un bénéfice, d'un mont-de-piété ou d'un lieu pie, lesquels doivent être employés à subvenir aux nécessités des pauvres et de ceux qui desservent les sus-dits lieux, ou empêcher par les mêmes voies que ces biens ne soient perçus par ceux à qui de droit ils appartiennent, qu'ils soit sous le coup de l'anathème jusqu'à ce qu'il ait fait une entière restitution et qu'il ait obtenu l'absolution du Pape. S'il est patron de ladite église, outre la peine précitée, il sera encore privé de son droit de patronage, et tout clerc qui aura consenti ou adhéré à de telles usurpations ; sera soumis aux mêmes peines, privé de ses bénéfices et inhabile à en posséder d'autres, et même, après l'entière satisfaction et absolution suspens de l'exercice de ses ordres, tant qu'il plaira à son Ordinaire. » Coll. Const. *Apostolicæ Sedis* tit. II, a. 19.

Le Concile de Trente se sert de termes beaucoup plus étendus que la célèbre Bulle *In Cœna Domini*, § 17. Celle-ci en effet prononçait l'anathème contre ceux qui usurpent ou séquestrent la juridiction, les biens, les revenus appartenant aux ecclésiastiques *du chef de leurs églises ou de leurs bénéfices* (1). Le Concile au contraire ne frappe pas seulement d'anathème les usurpateurs proprement dits, mais encore tous ceux qui convertissent à leur propre usage les biens ecclésiastiques, sous quelque prétexte que ce soit, ou empêchent qu'ils ne soient possédés par ceux qui y ont droit.

Avant de déterminer d'une façon générale les personnes qu'atteint cette censure portée par le Concile et maintenue par la Constitution *Apostolicæ Sedis*,

---

(1) Voir Const. *Apostolicæ Sedis*, tit. I, a. 11, où elle est maintenue. « Usurpantes aut sequestrantes jurisdictionem, bona, reditus ad personas ecclesiasticas ratione suarum ecclesiarum aut beneficiorum pertinentes.,» Il y a, entre les deux censures, une double différence : la censure de la Bulle *in Cœna Domini* est moins large, comme extension, mais plus rigoureuse comme sanction, car elle est *spécialement* réservée au Souverain Pontife : la censure du concile plus étendue, est moins rigoureuse, car elle est de Trente, *simplement* réservée au Pape. Nous ne traitons ici que cette dernière excommunication parce que de graves auteurs ne pensent pas que la première concerne les biens des monastères et couvents.

il importe de fixer clairement le sens de *lieux pieux*
*et de biens ecclésiastiques*.


## § II. — *Biens protégés par la censure du Concile de Trente.*


En droit canonique, on reconnaît comme *loca pia*
ceux qui sont érigés avec la permission de l'autorité
ecclésiastique, c'est-à-dire du Saint-Siège ou de
l'Evêque, et ont pour but l'exercice des œuvres de
religion, de piété ou de miséricorde (1). Dans cette
catégorie rentrent les monastères, les séminaires
épiscopaux, les maisons des Congrégations religieuses, approuvées au moins par l'Evêque, les hôpitaux, les orphelinats, etc. Si, au contraire, ils sont
érigés sans l'intervention de l'autorité ecclésiastique,
encore qu'on y exerce les œuvres de miséricorde, ils
ne sont pas, à proprement parler, des lieux pieux (2).
Il résulte de cette définition que la différence es-

(1) « De religiosis domibus, ut episcopo sint subjectæ. X,
iii, 36, et les commentateurs de ce titre.

(2) Secret. S. C. C. in Bredana : Satisfactiohis præcepto
audiendi missam in oratoriis, 22 febr. 1862, Thesaurus re-
solut. S. C. C. t. CXXI. PIGNATELLI : *Consultationes canonicæ*,
t. IV, consult. xxi, n. 2 et 11.

sentielle entre ces deux catégories de lieux repose uniquement sur l'intervention de l'autorité ecclésiastique dans leur érection et l'administration de leurs biens. C'est dans ce sens que nous devons entendre la censure qui nous occupe : elle vise évidemment ces lieux qui ont été érigés du consentement et avec le concours de l'autorité ecclésiastique. C'est le sentiment commun des auteurs (1). Nous sommes du reste en présence d'une loi pénale, dont les termes doivent être strictement interprétés.

Il s'ensuit donc que les monts-de-piété, les hôpitaux, les hospices et autres établissements du même genre, tels qu'ils sont organisés par le gouvernement, c'est-à-dire sans l'intervention de l'autorité ecclésiastique, ne peuvent en aucune façon se prévaloir des mesures du Concile et de la Constitution *Apostolicæ Sedis*, le soin et la garde de ces lieux fussent-ils confiés à des religieux ou à des religieuses. Rien d'étonnant si l'Eglise retire sa protection à des fondations qui ont été soustraites à sa tutelle. Au con-

___

(1) PIGNATELLI, *loc. cit.*, n. 1. LEURENIUS : *Forum ecclesiasticum*, t. III, q. 141. BONACINA : *Tract. de alienatione bonorum ecclesiasticorum*, punct. II, n. 2. FERRARIS : *Prompta bibliotheca*, v. *Alienare*, a. 1, n. 1. Card. GENNARI : *Consultazioni morali-canoniche-liturgiche*, consul. I. BALLERINI-PALMIERI : *Opus theologicum morale*, tr. XI, n. 471. GÉNICOT : *Theologia moralis*, t. II, n. 606. PENNACHI : *Commentaria in Constitutionem Apostolicæ Sedis*, t. I, p. 369, not. a., etc.

traire, les biens des établissements érigés de l'assentiment de l'autorité ecclésiastique sont du domaine de l'Eglise et comme tels inviolables. Elle *seule* a le droit d'en disposer, à l'exclusion de tout autre pouvoir, dont l'intrusion en ce cas serait une flagrante violation du droit ecclésiastique (1).

La disposition du Concile, concernant les biens dont l'usurpation est frappée de censure, est conçue dans des termes très étendus. Elle comprend les biens corporels, les rentes, les droits, les revenus et fruits (2), le casuel, la juridiction soit temporelle,

(1) Voici comment Pie IX s'exprimait au sujet de la doctrine contraire dans son encyclique *Quanta cura* du 8 décembre 1864 : « Adversaires de tout ordre religieux et social, ils ont l'insigne impudence de dire que l'excommunication fulminée par le Concile de Trente et par les Pontifes romains contre les envahisseurs et les usurpateurs des droits et des possessions de l'Eglise repose sur une confusion de l'ordre spirituel et de l'ordre civil et politique, et n'a pour but que des intérêts mondains ; que l'Eglise ne doit rien décréter qui puisse lier la conscience des fidèles relativement à l'usage des biens temporels ; que l'Eglise n'a pas le droit de réprimer par des peines temporelles les violateurs de ses lois ; qu'il est conforme aux principes de la théologie et du droit public de conférer et de maintenir au gouvernement civil la propriété des biens possédés par l'Eglise, par les congrégations religieuses et par les autres lieux pies ». Le Pontife flétrit ces doctrines en les qualifiant « *d'erreurs funestes et tant de fois condamnées des novateurs* ».

(2) On distingue trois espèces de fruits : les fruits *natu-*



2

soit spirituelle, etc., pourvu qu'ils appartiennent à une église, à un lieu pie, dans le sens exposé ci-dessus, et qu'ils soient destinés à subvenir aux besoins des ministres et des pauvres.


## § III. — *Actes atteints par la censure du Concile de Trente.*


Après avoir déterminé les biens que vise cette censure, il nous reste à chercher quels sont les actes et les personnes qui encourent l'anathème.

1° Toute *usurpation* de biens ou droits ecclésiastiques, accomplie par n'importe qui, de quelque manière et sous quelque couleur ou prétexte que ce

*rels* qui sont le produit spontané de la terre, tels que les bois, les foins, les produits et le croît des animaux ; les fruits *industriels,* c'est-à-dire obtenus par le travail et la culture, comme les moissons, les raisins, les récoltes diverses, industrieusement provoquées et soignées ; enfin les fruits *civils,* comme les loyers des maisons, les intérêts, les arrérages des rentes. Voir Code civil, aa. 583, 584. Le mot *reditus, revenus,* possède une signification plus large. Il comprend non seulement les fruits tels qu'on vient de les définir, mais encore les bénéfices de tout genre, provenant du bénéfice foncier. C'est la même signification que celle de *provende,* expression universelle s'étendant à tout revenu provenant de la possession d'un bénéfice.

soit. Le mot *usurpation* est susceptible d'un double sens : il peut signifier, dans son sens large, toute occupation du bien d'autrui (1).

Dans son sens strict et propre, au contraire, il ne s'applique qu'à l'action de celui qui s'empare du bien d'autrui, non comme appartenant à un autre, *mais comme si c'était son propre bien*. Ainsi donc, pour que dans l'espèce l'usurpateur mérite cette qualification, il est nécessaire qu'il revendique les biens, comme s'il avait sur eux droit de propriété ou de juridiction (2).

Il est clair que dans la présente matière le second sens du mot usurpation est le seul que nous puissions accepter. Il s'agit, en effet, d'une loi pénale, qui est de stricte interprétation. La liquidation de ces

___

(1) « Usurpatio nihil aliud significat, nisi rem alienam sibi adscribere. » FERRARIS, *op. cit.* V° *Bona*, a. i, n. 30.

(2) BONACINA : *Tract. de censuris omnibus ecclesiasticis in particulari* disp. i, q. xviii, p. i, n. 3. Card. PETRA : *Comment. ad Constit. apostol.* Const. i. Leonis ix, sect. i, n. 2, t. I, p. 162. SUAREZ : *de censuris* d. xxi, sect. ii, n. 96. D'ANNIBALE : *Summula theologiæ moralis*, t. I, ed. 4°, n. 390. not. 11. BALLERINI-PALMIERI, *op. cit.*, n. 435. GÉNICOT, *loc. cit.*, n. 591. LEHMKUHL : *Theologia moralis*, t. II, n. 939. PENNACHI, *loc. cit.*, p. 363., etc. — Les voleurs, les pillards et maraudeurs ne tombent pas sous le coup de cette censure ; ils ne s'approprient pas en effet les objets volés, comme s'ils avaient un droit sur eux ; mais ils reconnaissent que leur propriété appartient à d'autres.

biens tombe donc, sous la censure, à titre d'usurpation, au moins (1) dans la théorie des biens vacants qui paraît être celle admise par plusieurs gouvernements : dans cette étrange théorie, en effet, les biens des congrégations sont regardés, à cause de l'incapacité de la congrégation à posséder, comme n'étant à personne ; et c'est en vertu du domaine que l'Etat a sur ces sortes de biens qu'il prétend se les adjuger. On le voit, le pouvoir civil veut y mettre la main à titre de propriétaire : l'usurpation au sens strict se réalise donc.

Notre intention n'est pas de discuter en ce moment si la censure du Concile n'atteint que les personnes

(1) Nous disons *au moins* dans la théorie des biens vacants. Si l'Etat, en effet, tout en dispersant le patrimoine de la collectivité, reconnaissait cependant le droit de la *société de fait* et partageait les biens entre ses membres ou surtout s'il les remettait entre les mains de l'Eglise, nous hésiterions à y voir une usurpation. Il y aurait *lésion* de la propriété, mais il n'y aurait pas *usurpation* de cette *propriété*, au sens que nous venons de définir. Il est vrai, il y aurait en même temps *usurpation d'autorité* sur ces biens : mais l'Eglise tolérant en France et dans d'autres pays l'inobservance de l'immunité des biens ecclésiastiques, et supportant que leur propriété soit régie par la loi civile, on peut se demander si la simple usurpation de la *juridiction* en cette *matière* est atteinte par la censure. Toutefois, alors même que *de ce chef* la liquidation échapperait à l'excommunication, elle pourrait y rentrer à l'un des deux autres titres qui nous restent à examiner.

usurpant ces biens par voie d'autorité publique, ou s'étend aussi aux simples particuliers ; chose controversée. Du moins, et cela suffit au but de notre étude, tous concèdent que les usurpations ou occupations accomplies *d'autorité et au nom du pouvoir* sont punies par le présent décret. Le texte du Concile est formel et ne prête aucunement aux arguties de la chicane : *Si quem... vel laicorum, quacumque is dignitate, etiam imperiali vel regali præfulgeat...* Personne n'est excepté, fût-il roi ou empereur.

2° Sont également frappés de la même censure *ceux qui convertissent ces biens à leur usage propre, de quelque manière et sous quelque couleur ou prétexte que ce soit.* Quiconque par conséquent (même les particuliers), à titre d'héritage, de legs, d'achat, de donation ou à quelque autre titre que ce soit, acquiert les biens usurpés des Congrégations, encourt l'excommunication fulminée par le Concile de Trente et innovée par la Constitution *Apostolicæ Sedis.* Remarquons que le Concile étend aussi la censure à tout détenteur qui, même par personne interposée, est devenu dépositaire d'un bien ecclésiastique, jusqu'à ce que la restitution ait eu lieu (1).

_________

(1) Nous entrerons dans de plus amples détails à ce sujet

3° Il est enfin une troisième catégorie de personnes atteintes par la peine du Concile de Trente : ce sont *ceux qui empêchent que ces biens ne soient occupés ou perçus par les ayants droit* (1).

Il est indubitable que les législateurs qui votent ces lois et ces mesures de liquidation, le premier magistrat qui les sanctionne de son autorité, le ministre qui appose sa signature, tombent sous le coup de cette excommunication. Ils ne peuvent, sans doute, être rangés dans la catégorie des usurpateurs de ces biens, puisque le fait de l'usurpation ne se vérifie que postérieurement à l'élaboration de la loi. Mais ils encourent la censure par suite de l'empêchement qu'ils posent à l'exercice de ce droit. Ceux qui légifèrent au sujet des biens des églises et des Congrégations, sous prétexte de les mettre à la disposition de la nation, de les séculariser, de les faire retourner à leur légitime propriétaire, que font-ils sinon mettre obstacle à la jouissance des ayants droit ?

Il importe peu que les usurpateurs, à quelque titre

dans la deuxième partie de notre travail, où nous étudierons les applications pratiques.

(1) « Impedire est proprie facere quod aliquis invitus et contra suam voluntatem cesset ab opere quod intendit. » RONCAGLIA : *Universa moralis theologia* tr. IV, q. III, c. IV. Q. I, R. I. PENNACHI, *op. cit.*, t. II, p. 317. D'ANNIBALE, *op. et l. c.*, p. 386, not. 6, etc.

que ce soit, se retranchent derrière une personne
interposée qui a exécuté volontairement ou par contrainte leur mandat. Le Concile frappe les man -
dants (1). Le texte est clair : *Per se vel per alios*,
est-il dit. Cependant nous remarquerons ici que le
mandant n'encourt réellement l'anathème que quand
le mandat a obtenu son effet ; s'il n'a pas été exécuté, les termes du Concile ne se vérifient pas : le
mandant ne s'est pas emparé des biens des Congrégations, il ne les a pas convertis à son propre usage,
il n'a pas empêché que leur utilité en arrive aux
ayants droit. Or, en matière pénale, les termes doivent être interprétés strictement : c'est-à-dire dans
l'espèce avoir produit leur effet ; la simple tentative
ou ordre ne suffit pas.

Le Concile cite deux autres catégories de personnes qu'atteint la même excommunication. Nous
nous contentons de les indiquer ici : 1° les clercs
qui ont machiné cette sacrilège invasion ou y ont
donné leur consentement, c'est-à-dire qui ont prêté
un concours positif à l'usurpation ou ne s'y sont pas
opposés lorsque leurs fonctions leur en imposaient

-----

(1) Frappe-t-il aussi les *coopérateurs secondaires* ? Le silence du Concile sur ce point nous porte à croire qu'ils
échappent à la censure. Nous reviendrons plus longuement
sur ce sujet au commencement de la deuxième partie de
notre étude.

l'obligation. Ils sont privés de plus de leurs bénéfices et frappés d'incapacité à en recevoir d'autres, et l'Ordinaire, même après leur absolution, peut les suspendre de l'exercice de leur ordre. 2º Ceux qui ont le droit de patronage sur ces biens. Ils encourent également l'excommunication et sont privés de ce droit dont ils jouissaient.

Cependant, pour encourir cette censure, certaines conditions sont requises. En effet, outre celles que nous avons énumérées ci-dessus touchant les personnes et les biens, il en est une autre que désigne clairement le mot *præsumpserit* « qui aurait la présomption ». Ce terme exige une connaissance formelle, explicite, du violateur de la loi ; s'il a agi de bonne foi, par ignorance, inadvertance ou imprudence, on ne peut arguer contre lui de présomption. Il faut donc, pour encourir cette excommunication, que le coupable ait agi avec une pleine et entière liberté (1), qu'il connaisse la nature des biens usurpés et la censure dont son action est frappée. L'ignorance le soustrairait à cette peine ; mais il ne pourrait être absous avant d'avoir restitué le bien qu'il détient et avoir réparé les dommages

_________

(1) On pourrait se demander si la crainte grave et injuste empêche d'encourir la censure. Ce point est trop important pour être traité brièvement ; aussi en avons-nous réservé la discussion au § 2 des applications pratiques, avec lequel il a une étroite connexion.

causés par son usurpation, qui, vu la grandeur de la peine, requiert aussi la gravité de la matière. On peut toutefois se demander si l'ignorance de la censure pourrait être alléguée. Ce qui est certain, c'est que dans la liquidation, fruit de la loi du 1er juillet 1901, cette excuse n'existe pas, à cause de la publicité que lui ont donnée les journaux de tous les partis.

## § IV. — *Violation de la clôture papale.*

Mais il est une autre censure également *réservée au Souverain Pontife*, qui atteint, en certaines régions du moins, la liquidation des biens des Congrégations religieuses : *c'est l'excommunication lancée contre les violateurs de la clôture des religieuses. Elle est encourue par le seul fait de la violation.* Comme la précédente, le Pape seul peut en absoudre.

En effet, bien qu'en France les religieuses, même appartenant à des ordres à vœux solennels, n'émettent que des vœux simples et de ce chef ne soient pas soumises à la clôture papale (la seule visée par cette censure), cependant on doit juger autrement de la situation canonique de quelques communautés de Savoie et du comté de Nice. Ces religieuses, avant la réunion de ces pays à la France, émettaient les vœux solennels et étaient astreintes à la clôture papale.

Interrogée à leur sujet, la S. Congrégation des Évêques et Réguliers répondit le 31 juillet 1861 à un Evêque de cette contrée : « Il n'y a rien d'innové par rapport aux monastères pour lesquels vous consultez, et les religieuses de ces maisons sont assujetties comme auparavant aux lois de l'Eglise et liées par les mêmes obligations (1). »

La clôture, au sens canonique, s'entend de tout l'espace contenu dans l'enceinte du monastère et comprend les cellules, les salles de travail, le réfectoire, les jardins et lieux semblables, à moins qu'ils ne soient séparés du monastère par un mur ou une porte dûment fermée à clef. L'entrée de tous ces lieux est formellement interdite sous peine de censure, hors les cas prévus par la loi, et certes celle-ci n'a jamais prévu la violation de la clôture pour cause de liquidation par voie d'autorité civile et incompétente. Cette législation du reste est en vigueur depuis plusieurs siècles (2).

(1) *Revue des Sciences ecclésiastiques,* 1861, p. 509. De cette réponse, il appert que ces religieuses continuent à émettre les vœux solennels et à être soumises à la clôture papale. C'est de cette dernière qu'il est ici question.

(2) Voir Const. de Grégoire XIII, *Ubi gratiæ,* 13 juin 1575. B. R. iv, iii, 298. Benoît XIV, Const. *Salutare,* 3 jan-

Pie IX, dans la Constitution *Apostolicæ Sedis*, a renouvelé l'excommunication fulminée contre les personnes qui pénètrent dans un couvent de religieuses soumises à la clôture papale, sans avoir préalablement obtenu la permission. *Violantes clausuram monialium, cujuscumque generis aut conditionis, sexus vel ætatis fuerint, in earum monasteria absque legitima licentia ingrediendo* (1)... Sont donc excommuniés ceux qui pénètrent dans l'enceinte du monastère sans y être légitimement autorisés, quels que soient d'ailleurs *leur naissance, leur condition, leur sexe ou leur âge*. Les termes de la censure sont généraux et ne font aucune distinction (2).

Il est à noter, de l'avis presqu'unanime des auteurs, qu'il n'est pas requis que cette violation soit accompagnée d'une mauvaise intention, ce qui était nécessaire avant la publication de la Constitution *Apostolicæ Sedis*.

Cette peine très grave exige certaines conditions

---

vier 1742, B. B., i, 106. *Per binas alias*, 24 janvier 1747, *ibid*, ii, 177.

(1) Tit. II, a. 6.

(2) Quelques commentateurs de la Constitution admettent une double exception : *a*) pour les impubères qui n'ont pas encore atteint l'âge de 7 ans ; *b*) pour les membres de familles royales ou impériales, qui entreraient sans y être dûment autorisés. PENNACHI, *op. cit.*, t. I, p. 718 sqq.

pour être encourue : 1° La *violation complète* de la clôture ; la corrélation entre la gravité de la peine et la gravité de la faute est de rigueur. Si donc la violation de la clôture n'est pas entière, il n'y a qu'une matière légère, par conséquent faute légère, et il n'y a pas lieu d'appliquer la peine si grave de l'excommunication. 2° Il faut que l'entrée dans la clôture ait eu lieu *sans être légitimement autorisée.* Cette permission est accordée par l'autorité compétente, qui est l'Evêque, agissant comme Ordinaire, si les monastères sont soumis à sa juridiction, ou agissant comme délégué apostolique, s'ils dépendent immédiatement du Saint-Siège, ou enfin l'Evêque conjointement avec le Supérieur régulier, s'ils sont soumis à un ordre régulier.

La légitimité de cette autorisation requiert en outre *une juste cause,* et *celle-ci doit regarder l'intérêt du monastère ;* car une nécessité qui lui serait étrangère, et la liquidation en est une, ne suffirait en aucune façon à légitimer la dispense. Or, cette cause peut se rapporter aux nécessités corporelles, par exemple la visite du médecin ou du chirurgien, ou aux nécessités spirituelles, par exemple la visite canonique, l'administration des sacrements à une religieuse malade ou infirme, ou à tous les autres cas qu'exige le service de la maison, par exemple les travaux qui ne peuvent être exécutés hors de la clôture. Le cas de nécessité urgente, où il est impossible de recourir aux Supérieurs légitimes, excuse de toute censure, la nécessité n'ayant pas de loi.

Sans examiner encore si tous les exécuteurs de la liquidation sont excommuniés, il nous paraît évident que cette opération de sa nature tombe sous le coup de la censure (1). Ses agents doivent pénétrer dans la clôture, visiter le monastère dont ils scruteront tous les coins et recoins de leurs regards avides, et cela sans aucune permission du pouvoir ecclésiastique, seule compétente pour l'accorder. Ils se feraient sans doute un scrupule de conscience de la demander, pour l'excellente raison qu'ils savent pertinemment que personne ne pourrait la leur donner. Quant à subvenir aux nécessités des religieuses, ce serait dérisoire au plus haut point de voir en ces envahisseurs des protecteurs de la vie religieuse. De leur propre aveu, le but est tout opposé : spolier

(1) Nous devons cependant faire ici une double restriction : 1° à notre avis, les mandataires forcés par une crainte grave et injuste d'un dommage notable n'encourent pas la censure ; 2 si la communauté était entièrement dispersée, et si *tous* ses membres avaient abandonné le couvent, la violation de la clôture ne serait pas frappée de censure. La loi de la clôture en effet affecte le couvent en tant que siège de la communauté, qui y réside réellement ; ce qui n'a pas lieu dans le cas de dispersion. En matière pénale, la stricte interprétation de la loi est de rigueur.

cyniquement les religieuses des biens qu'elles par-
tagent si généreusement avec les pauvres et les or-
phelins.

Telle est la double excommunication qui atteint la
liquidation des biens ecclésiastiques et actuellement
des biens des Congrégations religieuses en France.
Il nous reste maintenant à préciser si et dans quelle
mesure elle atteint les divers auteurs et coopérateurs
de cet attentat juridique.

# CHAPITRE II

**Applications pratiques de la doctrine exposée.**

La liquidation des biens ecclésiastiques des Congrégations peut être considérée soit au point de vue du fond, soit au point de vue de la consommation.

§ I. — *De la liquidation considérée au point de vue du fond.*

*Sommaire.* — La loi du 1er juillet 1901. — Exécuteurs de la loi. — Liquidateur et son fondé de pouvoir. — Magistrats. — Coopérateurs secondaires.

Prenons comme exemple la loi du 1er juillet 1901 sur la liquidation des biens des congrégations religieuses en France. Il sera facile d'appliquer les principes aux autres biens ecclésiastiques, ces principes généraux demeurant identiques dans tous les cas.

Aux termes de l'article 18, §§ 3 et 11 de la loi du 1er juillet 1901, le tribunal, à la requête du ministère public, nomme un liquidateur, qui, pendant toute la durée de la liquidation, a tous les pouvoirs d'un administrateur séquestre. Passé le délai de six mois, ce liquidateur procédera à la vente en justice de tous les immeubles qui n'auraient pas été revendiqués ou qui ne seraient pas affectés à une œuvre d'assistance.

L'article 2 du décret du 16 août 1901, portant règlement d'administration publique pour l'exécution de l'article 18 précité, décide que le greffier du tribunal doit adresser sur-le-champ au juge de paix du canton, dans lequel la Congrégation dissoute à son siège, et aux juges de paix des cantons dans lesquels sont situés des établissements des Congrégations, avis de la disposition du jugement, si l'apposition des scellés a été ordonnée, et les juges de paix doivent y procéder sans retard.

Les termes de ces articles désignent clairement les fonctionnaires qui doivent concourir à l'exécution de la loi et par conséquent à la spoliation des Congrégations religieuses. Tous tombent-ils également sous la censure ?

Avant de répondre à cette question, il nous paraît nécessaire de distinguer entre les divers agents qui coopèrent ou concourent à la liquidation : les uns, dont la coopération est plus principale, plus prochaine et plus immédiate, exécutent la loi et posent des actes qui, par eux-mêmes, sont soumis à la censure ; les autres, au contraire, ne sont que des coopérateurs secondaires, sans que leur action soit usurpatrice dans le sens entendu par le Concile : ce sont ceux qui conseillent, ratifient l'usurpation déjà consommée, prêtent aide ou assistance soit médiate, soit immédiate (1). Examinons le cas de ces deux catégories d'agents (2).

1° **Exécuteurs de la loi.** — L'exécution de la loi comprend la nomination du liquidateur, l'inventaire et les scellés, la vente des immeubles, le dépôt du produit de cette vente et des valeurs à la caisse des dépôts et consignations, enfin le paiement des dettes et des frais sur le compte de la liquidation. Sous la dénomination d'exécuteurs de la loi nous comprenons le liquidateur ou son fondé de pouvoir, les juges ou magistrats, quels qu'ils soient.

En principe, leur action est injuste ; ils sont cause morale, partielle si l'on veut, du mauvais effet de la loi, voulu par le législateur qui en est la cause mo-

---

(1) Nous faisons remarquer que nous nous occupons uniquement de la liquidation et de la censure du Concile de Trente qui l'atteint.

(2) Nous avons parlé ci-dessus des auteurs de la loi, p. 22.

rale principale. Mais les causalités réunies de ces agents produisent, comme une seule cause totale, l'acte injuste de la spoliation des Congrégations. De ce chef, on peut dire qu'ils encourent l'excommunication, puisqu'ils revendiquent et exercent un droit qu'ils n'ont pas sur ces biens relevant de la seule autorité ecclésiastique, et empêchent les religieux, leurs légitimes propriétaires, de les posséder et d'en user librement.

Toutefois cette solution si radicale *in abstracto* doit aussi être considérée dans les applications individuelles ; il se pourrait en effet que des circonstances particulières en atténuassent l'effet.

Pour encourir la censure, entre autres conditions énumérées ci-dessus, il faut que l'acte extérieur soit gravement coupable et accompagné de contumace, c'est-à-dire du mépris, au moins interprétatif, de la censure et de l'autorité qui l'a fulminée. Cette condition se trouvera toujours réalisée dans la *coopération formelle*, puisque dans ce cas le coopérateur a la même intention coupable que l'agent principal ; aussi nous n'insistons pas. Mais en sera-t-il de même des *coopérateurs matériels*, c'est-à-dire de ceux qui sont mus non par l'intention mauvaise de l'agent principal, mais par une autre, en sorte que leur action à eux soit cause d'un double effet : de l'effet mauvais, qui est dans l'intention de l'agent principal, et d'un autre, qui est dans leur intention propre, par exemple, éviter un mal notable dans leurs biens, dans leur honneur, la ruine de leur famille, etc. ?

Nous ne le pensons pas. Il peut y avoir en effet ce que les théologiens appellent *subtractio materiæ*, c'est-à-dire que la gravité du mal à éviter en coopérant légitime le concours de cet agent. Cette nécessité où il se trouve d'agir l'excuse de toute faute grave, et, par conséquent, une loi humaine n'obligeant pas *cum tanto incommodo*, elle l'excuse aussi de la censure. On ne peut davantage arguer de *contumace*, puisque le mépris, au moins interprétatif, de l'autorité de l'Eglise, fait défaut dans l'espèce.

Cette solution serait vraie, s'il ne s'agissait que de l'intérêt personnel du coopérateur. Mais il peut se rencontrer une raison qui ne lui soit pas personnelle seulement, mais qui regarde le bien public, et c'est le cas, c'est-à-dire que ces spoliations se multipliant mettent en péril le bien de la société soit religieuse, soit civile. A s'en tenir à ces seuls termes de l'hypothèse, toute coopération, même matérielle, serait interdite. D'autre part cependant, ainsi que nous le ferons remarquer, il n'y a pas d'espoir de voir cesser ces spoliations ou d'empêcher que d'autres, moins consciencieux et moins honnêtes, ne soient prêts à prendre la place de ceux qui s'abstiendraient ou se retireraient ; et néanmoins l'Eglise et la société ont tout intérêt à ce que la justice et le pouvoir soient exercés par des gens honnêtes et chrétiens ; sans cela l'ordre public serait laissé à la merci de gens sans principe et sans retenue. Cette raison, pensons-nous, entourée des précautions dont nous aurons à parler, semble suffisante pour permettre, même dans l'espèce, la coopération *matérielle* (1).

Il s'agit ici directement de biens temporels, quoique destinés à des fins spirituelles. Aussi l'action spoliatrice, alors même qu'elle est intrinsèque-ment mauvaise, ne l'est pas d'une façon absolue (2) ;

(1) Cf. Mgr WAFFELAERT: *Etude sur la coopération*, p. 72 sqq.

(2) Un acte, on le sait, est *extrinsèquement* mauvais, quand toute sa malice vient du précepte positif qui le défend (*ideo malus quia prohibitus*) ; il est *intrinsèquement* mauvais, quand sa malice existe en dehors de toute prohibition positive (*ideo prohibitus quia malus*). Or, nous le reconnaissons, certains actes de la spoliation juridique des Congré-gations religieuses sont coupables par eux-mêmes indépen-damment des lois positives de l'Eglise ; tel, par exemple, à notre avis, l'ordre donné à la force armée d'expulser in-justement les religieux de chez eux. Mais, comme le re-marquent les théologiens, il y a deux catégories d'actes intrinsèquement mauvais : la malice des uns est absolue et subsiste dans toutes les hypothèses ; celle des autres ne l'est pas, mais résulte d'un élément ou d'une circonstance qu'il dépend d'une volonté, divine ou humaine, de main-tenir ou d'enlever : si cet élément disparaît, la malice de

il dépend d'une volonté humaine d'enlever ce caractère mauvais à l'acte de coopération, et cette volonté dans le cas présent est celle des religieux ou mieux de l'Eglise, que l'on ne peut présumer *rationabiliter invita*. Elle n'innocente pas, assurément, les auteurs principaux de l'attentat : mais est-il défendu de penser qu'elle excuse la coopération douloureuse que l'exécuteur prête, sous le coup de la crainte, à une spoliation qui se réaliserait du reste aisément sans son concours ? On ne doit certes pas supposer l'Eglise, qui est une bonne mère, plus sévère qu'un simple particulier dans des circonstances analogues, surtout quand il s'agit non seulement d'une œuvre de miséricorde spirituelle et temporelle à exercer à son égard (1) : spirituelle, en lui faisant éviter un

l'acte disparaît avec lui (Cf. Gury-Ballerini, I, n. 26, Lehmkuhl, I, n. 28). Or, c'est ce qui peut arriver dans le cas de la coopération à une spoliation injuste, si la victime consent à ce que le coopérateur prête son concours aux sévices dont elle est l'objet. Et les théologiens estiment qu'on peut légitimement supposer de sa part cette indulgence à l'égard des biens temporels, quand deux conditions se réalisent : *à savoir que le refus de coopérer exposerait le coopérateur à un grave dommage et qu'il n'empêcherait pas la spoliation de se perpétrer* (Cf. GURY-BALLERINI, I, n. 687).

(1) C'est la pensée du cardinal Gennari dans un cas analogue, relatif aux confiscations des biens ecclésiastiques en Italie. L'éminent auteur, après s'être référé à la doctrine dont nous parlions à la fin de la note précédente, ajoute :

péché grave ; corporelle, en le préservant d'un dommage notable temporel, mais encore du bien et de la religion et de la société.

Non seulement il n'y aura pas de péché grave, mais il n'y aura pas non plus de sacrilège ; car chaque fois que la coopération est exempte d'injustice, elle l'est aussi de sacrilège, puisque le sacrilège consiste dans l'usurpation des biens sacrés, le sacrilège s'ajoutant à l'injustice, à raison de celle-ci même.

Ces considérations vont aider la solution des applications individuelles.

1. *Liquidateur ou son fondé de pouvoirs.* — Le liquidateur accepte *volontairement* et *librement* la mission de liquider les biens des Congrégations dissoutes en vertu de la loi du 1ᵉʳ juillet 1901 et du

« Si dans de telles extrémités on peut supposer le légitime consentement de tout autre propriétaire, à plus forte raison on devra le supposer de la part de l'Eglise, dont le cœur maternel est rempli de miséricorde pour ses fils. » (*Consultationi morali.* Ed. 2ᵃ. Tom. I, p. 88.)

Nous pensons donc que la coopération pourra, dans certains cas, échapper à la censure sous un double rapport : *a*) quand la crainte d'où elle procède lui enlèvera sa culpabilité ; *b*) quand, tout en demeurant coupable, cette coopération, à cause de la contrainte, perdra son caractère de contumace. C'est aussi l'opinion de S. E. le cardinal Gennari (*loc. cit.*, p. 91).

refus d'autorisation ; c'est lui qui requiert le juge de paix d'apposer les scellés et d'inventorier ; c'est encore lui qui procède à la vente des biens immeubles non revendiqués ou non affectés à une œuvre d'assistance, c'est encore lui qui dépose à la caisse des dépôts et consignations toutes les valeurs mobilières et le produit de la vente. Son acte est-il passible de la censure ? Evidemment oui. S'il ne s'approprie pas ces biens comme lui appartenant, s'il ne les convertit pas à son propre usage, du moins, et ceci ne peut faire de doute, il met obstacle à ce que les ayants droit en jouissent paisiblement et librement. De plus, l'acte lui-même de liquidation et sa conséquence nécessaire, la vente, renferment une usurpation de juridiction sur les biens des Congrégations. Ceux-ci, en effet, ne sont pas des biens vacants, comme certains jurisconsultes modernes l'ont prétendu en faussant le sens de l'article 539 du Code civil ; ils ont un légitime propriétaire, qui est l'Eglise en la personne des religieux (1).

(1) La conduite du gouvernement n'implique-t-elle pas contradiction ? Par la loi du 16 avril 1895, il fixait une taxe d'abonnement sur ces biens qu'il reconnaissait légitimement possédés ; six ans plus tard, alors que les propriétaires demeurent les mêmes, ces biens sont déclarés vacants. Il est à noter que pour établir le droit d'accroissement, le législateur a considéré qu'à la mort d'un congréganiste la quote-part de chacun des autres s'augmentait du

Or, il y a ici coopération formelle ; donc péché mortel, contumace et censure. Le liquidateur ne peut invoquer l'excuse d'autres fonctionnaires publics : la contrainte ; car, comme nous l'avons dit, il accepte et exerce son mandat dans la plus entière liberté. Il n'est pas désigné par la loi ; c'est donc une fonction qu'un homme qui n'est pas fonctionnaire peut refuser. On ne voit pas davantage quels motifs de bien public ou privé pourraient légitimer l'acceptation d'une charge qui viole si gravement les lois de l'Eglise.

Il sera de même lorsqu'il prélève sur ces biens les frais de liquidation. Ceux-ci, en effet, étant injustes de leur nature, le liquidateur ne peut les imposer à la liquidation sans se rendre coupable d'injustice. De plus, le versement de ces frais est un acte défendu sous peine d'excommunication, s'il a lieu en matière grave, parce qu'on dispose d'un bien qui appartient aux congrégations. Quant au paiement des dettes contractées par les congrégations avec le fruit de leurs biens, on ne peut affirmer que cet acte soit défendu sous peine d'excommunication ; mais il est cer-

montant de la part du défunt. D'où ce dilemme : ou le législateur a reconnu la légitimité des titres du propriétaire nominal, et il ne doit pas alors le spolier ; ou il a proclamé la propriété partielle de chaque associé, et alors il ne peut pas dire que les biens sont vacants.

tainement coupable, puisque le liquidateur s'ingère sans mandat dans l'administration de biens qui ne sont pas siens.

Ce que nous disons du liquidateur, nous l'affirmons également de son mandataire ou fondé de pouvoirs, sauf toutefois le cas où ce dernier, en qualité de fonctionnaire public, serait contraint de prêter son concours à cette usurpation. Il faudrait dans ce cas lui appliquer les mêmes principes de la coopération matérielle exposés ci-dessus.

2. *Magistrats.* — Les magistrats appartiennent soit à la magistrature debout, soit à la magistrature assise. Les premiers sont les officiers du ministère public, qui veillent à l'application de la loi et prennent la parole, debout, pour donner leur avis sur les affaires qui leur sont soumises ; tels sont les procureurs et avocats généraux, les procureurs de la République et leurs substituts. Les seconds sont les magistrats qui écoutent et jugent les affaires ; tels sont les juges des cours et tribunaux, les juges en référé, les juges de paix.

Les magistrats qui exercent les fonctions de ministère public, procureurs ou substituts, peuvent donner leur avis sur la liquidation, affaire sur laquelle les juges ont à statuer. Dans ce cas, ils sont, à notre avis, assimilés aux avocats et n'encourent pas la censure, puisque, comme nous le dirons plus bas, dans l'espèce ils ne posent aucun des actes visés par le Concile. Mais en dehors de cette hypothèse, ils peuvent avoir, en exécution de la loi, à requérir la force publique pour expulser les religieux de leurs propriétés et les priver ainsi d'un droit inviolable. Leur situation est, ce nous semble, semblable à celle des juges ; nous allons traiter l'une et l'autre conjointement, en remarquant toutefois les différences qui existeraient en réalité.

Il y a deux cas où, à notre avis, les juges et autres magistrats tomberaient certainement sous la censure : 1° s'ils agissaient de leur propre initiative ; 2° si, même contraints par leurs fonctions de faire ou d'ordonner un acte de liquidation, ils coopéraient avec la même intention de produire l'effet mauvais, que l'agent principal. Dans l'un et l'autre cas il y a coopération formelle, mépris, au moins virtuel, de l'autorité de l'Eglise, par conséquent péché grave et censure. Ils violent, en effet, la propriété ecclésiastique et les droits qui appartiennent aux légitimes possesseurs de ces biens. La deuxième hypothèse trouverait certainement sa réalisation dans les agissements de fonctionnaires impies et hostiles à l'Eglise, qui seraient toujours prêts à violer ses droits, même sans qu'aucune menace ne les y poussât.

Mais la première se vérifie-t-elle dans la situation présente ? Examinons un instant les termes de la

loi : « Le tribunal, est-il dit, à la requête du ministère public, NOMMERA un liquidateur »... Or, quiconque est au courant de la langue juridique et de
la jurisprudence sait que ce terme *nommera* a un
sens impératif ; dès lors les juges du tribunal doivent exécuter la loi. Le ministère public et les juges
de paix sont dans une situation analogue : les uns
reçoivent les ordres du ministre par l'intermédiaire
des procureurs généraux ; les autres sont requis de
par leurs fonctions d'apposer les scellés et d'inventorier, dès qu'ils ont reçu avis du jugement, si l'apposition des scellés a été ordonnée.

Quant aux juges des référés et aux juges du fond,
s'ils agissent non de leur propre et libre initiative,
mais par contrainte légale et sous l'empire d'une
crainte grave et injuste, — ce sera le cas ordinaire
vu les intentions des pouvoirs publics — il faut examiner si cette crainte est suffisante pour enlever à
leur acte tout caractère de contumace et par conséquent pour le préserver de la censure. On le comprend, en effet, il peut arriver qu'un homme, sous le
coup de l'intimidation, se rende coupable d'une
faute qu'en d'autres circonstances il ne commettrait
pas ; il ne méprise nullement les peines ecclésiastiques, il les redoute même au fond de sa conscience :
mais placé dans une dure alternative, il n'a pas la
force de sacrifier ses intérêts à son devoir. Il y a

faute, sans doute, mais dans cette faute y a-t-il contumace et, selon les termes du Concile, attentat au-
dacieux (*præsumpserit*) ? A plus forte raison l'acte
ne tombera pas sous la censure, si, vu sa nature et
les circonstances dans lesquelles il se produit, la
crainte grave d'où il procède suffit à lui enlever sa
culpabilité. Cette solution nous paraît conforme à
l'enseignement général des canonistes et des théologiens et aux principes généraux émis plus haut.

Or, telle est précisément la situation des procureurs et substituts, qui, dans leur âme et conscience,
réprouvent la loi de spoliation. Ils reçoivent des ordres des procureurs généraux ou du ministre de la
justice, et doivent les exécuter, sous peine d'être révoqués purement et simplement, c'est-à-dire selon le
bon vouloir du ministre, qui, en cela, agit en vertu
de son pouvoir discrétionnaire sans être obligé de
donner les motifs de la révocation.

Sous ce dernier rapport, les juges soit des tribunaux, soit en référé, sont, à première vue, dans une
situation différente : fonctionnaires publics, ils sont
nommés à vie et ne peuvent être révoqués qu'en
vertu d'un jugement motivé. *Théoriquement*, ils ne
devraient avoir rien à craindre à juger en faveur des
religieux.

A s'en tenir donc à *la rigueur des termes* du
Concile et de la Constitution *Apostolicæ Sedis*, il

serait difficile de les excuser de la censure, puisqu'en exécutant une loi vraiment injuste, ils exercent sur les biens des religieux une juridiction qu'ils ne possèdent à aucun titre et privent les propriétaires légitimes de leurs droits acquis.

Mais *pratiquement* la chose ne peut-elle pas nous apparaître sous un autre point de vue, plus réel et plus vrai? Nous le croyons. En effet, d'une part, dans les pays où l'autorité civile s'est rendue, comme on dit, indépendante de l'autorité religieuse — et c'est le cas, — il peut arriver que le juge catholique se trouve dans la nécessité ou de prononcer d'après des lois qui, par elles-mêmes ou par la manière dont elles sont appliquées, répugnent au dictamen de sa conscience, ou de se retirer en démissionnant. D'autre part, il y a urgente nécessité pour la société civile et religieuse d'avoir, pour présider les tribunaux, des juges consciencieux et catholiques. Leur refus d'appliquer la loi, surtout lorsqu'il serait évident, amènerait le pouvoir à les poursuivre comme prévaricateurs ou à suspendre le privilège de l'inamovibilité pour caser ses créatures, entièrement à sa dévotion (1).

---

(1) La supposition n'est pas gratuite ; que l'on veuille, pour s'en rendre compte, se souvenir des faits qui se passèrent en 1881, lors de la première expulsion des religieux en vertu de la loi Ferry.

Le mal ne serait aucunement atténué, bien au contraire ; aussi, selon nous, les juges n'encourraient pas la censure, et il peut même être jugé meilleur qu'ils demeurent en fonctions.

Mais à quelles conditions ? Nous avons plus haut émis un principe que nous considérons à bon droit comme le fondement de notre solution : l'acte qu'ils posent, encore qu'il soit intrinsèquement mauvais, cependant ne l'est pas d'une façon absolue ; car il dépend d'une volonté humaine d'en enlever la malice intrinsèque. Le juge donc se trouvant contraint par la loi à poser ou à autoriser les actes de liquidation, actes contraires aux droits et aux lois de l'Eglise, mais dont le Pape, comme législateur souverain et suprême administrateur des biens ecclésiastiques, peut, absolument parlant, accorder la dispense et y déroger dans la plénitude de sa puissance, aura recours au Saint-Siège ou à son Evêque, si celui-ci a des pouvoirs spéciaux, et demandera d'être autorisé à procéder conformément aux lois en vigueur. Dans ces circonstances malheureuses, l'Eglise lui concédera toutes les permissions nécessaires pour pouvoir conserver sa charge sans violer les lois et encourir les censures. Nous penserions même que *dans un cas absolument urgent*, et dans ce cas seulement, il pourrait présumer ce consentement, *avec l'obligation toutefois de s'en assurer aussitôt qu'il le pourra.*

Telle est, à notre humble avis, la solution non seulement la plus modérée, mais encore la plus conforme au bien des individus, de la religion et de la société.

Nous parlons évidemment ici de l'application de la loi, que le juge, en vertu de son mandat et de ses fonctions, doit exécuter. Mais il en serait autrement s'il s'agissait de décrets arbitraires, sans fondement juridique ou légal. Le juge, dans ce cas, peut et doit s'en tenir aux termes mêmes de la loi, et refuser de porter une sentence dont l'arbitraire serait le seul fondement.

2° **Coopérateurs secondaires.** — Sous cette dénomination nous comprenons, ainsi que nous l'avons dit, ceux qui conseillent, ratifient l'usurpation accomplie, prêtent aide ou assistance : tels sont les avocats et avoués du liquidateur ou de son fondé de pouvoirs, les notaires qui passent les contrats de vente, les greffiers soit du tribunal, soit du juge de paix, les huissiers, les témoins, assignés contre le propriétaire, les gardiens des scellés, les agents de la force publique forcés d'exécuter la mesure injuste, les commissaires-priseurs, etc. Encourent-ils la censure ? Nous avons brièvement ci-dessus répondu à cette question ; mais nous tenons à y revenir pour motiver notre solution. Au sujet non de la *faute*, dont nous ne nous occupons pas en ce moment, mais de l'*excommunication*, notre réponse a été et demeure *négative*. En effet, toute loi pénale — et celle du Concile en a le caractère — doit être interprétée strictement, et loin d'en étendre la portée, il la faut au contraire restreindre. Or, le Concile fait-il mention des coopérateurs secondaires ? Non ; donc ils ne sont pas compris dans les catégories des personnes atteintes par la censure.

De plus, la comparaison avec d'autres endroits du Concile confirme notre solution : quand celui-ci a voulu atteindre tous les coopérateurs, il l'a formellement déclaré (1).

Or, ici il garde le silence le plus absolu ; ne peut-on pas dès lors appliquer la règle de droit : *Contra eum qui legem dicere potuit apertius, est interpretatio facienda?* R. J. 57. Enfin la S. Pénitencerie a répondu à l'évêque de Policastro, qui l'avait interrogée sur ce point : *Episcopus consulat Conc. Trid.*, sess. XXII, c. XI *de Ref.*, donnant par là à entendre que les coopérateurs qui tombent sous la censure sont suffisamment désignés dans le texte du Concile (2).

(1) Voir sess. XXI, c. I, de Ref ; sess. XXIV, c. VI, de Ref. matr. Le même argument vaut pour la Constitution *Apostolicæ Sedis*, voir par exemple, tit. I, a. 5, 6 ; tit. III, a. 3, 4, 15, etc.

(2) *Monitore ecclesiastico*, t. I, p. 240. On pourrait peut-être objecter une réponse de la même Congrégation du

Les actes qu'ils posent ne nous paraissent pas rentrer dans l'une ou l'autre des catégories dési-

1er juin 1869 : « An possint absolvi et sub quibus condi-tionibus illi qui bona ecclesiastica immobilia acquisierint, quæque postea aliis vendiderint, atque *cooperati sunt ad contractus super iisdem bonis?* ℞. Affirmative. » Peut-on et sous quelles conditions absoudre ceux qui auraient acquis des immeubles ecclésiastiques, qui les auraient revendus à d'autres et auraient pris part aux contrats touchant ces mêmes biens ? ℞. Affirmativement. » Nous répondrons brièvement : 1° que la censure doit être entendue d'après les termes du Concile ; 2° qu'une simple déclaration n'est pas une loi, d'autant plus que la présente réponse con-fère simplement, aux termes de la demande, le pouvoir d'absoudre sans rien déterminer sur la nature de la coo-pération ; 3° que cette déclaration est antérieure à la Constitution *Apostolicæ Sedis*, qui est du 12 octobre 1869, et par conséquent peut être regardée comme abrogée. Cf. Card. Gennari, *op. cit.*, p. 9, not. 2. De plus nous remar-querons que la plupart des déclarations de la S. Péniten-cerie, données en cette même date, visent le cas très spécial de l'envahissement du domaine temporel du Saint-Siège. Aussi nous ne pensons pas qu'on puisse les appliquer strictement à la situation présente, ni en tirer un argument contre la thèse proposée. Nous n'avons évidemment ici traité que la question de la censure, le cadre de notre étude ne nous permettant pas d'y joindre celle de la coopération morale au point de vue de la justice. Il est évident que les avocats, sauf circonstances exceptionnelles, ne peuvent, sans injustice, accepter la défense d'une cause mauvaise. Quant aux autres coopérateurs, dont la plupart sont des officiers ministériels, ils pourront, là où ils sont plusieurs, détourner le coup ; mais, dans le cas de contrainte, nous

gnées par ce texte. Cependant pour éviter tout scandale, là où l'acte pourrait être accompli sans péché, il serait à conseiller qu'avant d'instrumenter ils fissent connaître leur intention d'une façon dis-crète et prudente. De plus, pour mettre leur cons-cience en paix, le mieux serait de s'adresser à l'au-torité ecclésiastique et d'en recevoir les facultés nécessaires pour exercer leurs fonctions en matière de biens ecclésiastiques (1).

leur appliquerions les principes de la coopération matérielle.

(1) C'est la réponse que dans un cas analogue donna la S. Pénitencerie le 10 décembre 1860 à la question : « Les officiers publics peuvent-ils conserver et recevoir une charge du gouvernement intrus ? » « In praxi... quilibet ex dictis officialibus aut personis dilionis Pontificiæ, qui paratus sit stare mandatis S. Sedis, caute moveatur, ut consulat Episcopum seu Loci Ordinarium, qui in singulis casibus decernet juxta mentem SSmi Domini. En pratique... on doit s'efforcer d'amener prudemment ceux des officiers publics ou autres personnes du domaine temporel, qui seraient disposés à obéir aux ordres du S. Siège, à consulter l'Evêque ou l'Ordinaire du lieu, qui, dans chaque cas, décidera selon les intentions du Souverain Pontife. »

## II. — *De la liquidation au point de vue de la consommation.*

*Sommaire.* — Acheteurs. — Locataires et autres détenteurs de fruits, revenus ou rentes. — Héritages, legs, donations. — Hypothèques. — Banquiers. — Règle à suivre par les confesseurs. — Bénéficiaires de la loi. — Conclusion.

Nous avons à examiner ici une autre espèce de coopérateurs : ceux qui achètent, prennent à bail les biens usurpés, ou les convertissent d'une façon quelconque en leur propriété. Leur coopération sans doute est médiate par rapport à l'usurpation en elle-même, mais elle est immédiate par rapport à sa consommation par la vente des biens usurpés. Comme dans les divers cas que nous étudions, il n'est pas et ne peut être question de contrainte, nous aurons donc seulement à juger si les actes posés tombent sous la censure du Concile.

1. *Acheteurs.* — Quand il s'agit d'acheter des biens usurpés, chaque fois que l'acheteur veut acheter *pour lui-même*, il est inutile d'examiner la licéité de la coopération, puisqu'il devient posses-seur injuste. Il commet un péché mortel et encourt

la censure. Sur ce point on ne peut élever aucun doute : le Concile lance l'anathème contre ceux qui occupent et convertissent les biens ecclésiastiques à leur propre usage. Pie IX le déclara dans son allocution du 25 juillet 1873 : .... *bonorumque ecclesiasticorum emptoribus... sed universos majori excommunicatione aliisque censuris et pœnis ecclesiasticis juxta sacros canones, Apostolicás Constitutiones, et generalium Conciliorum, Tridentini præsertim, decreta, inflictis obstringi....* (1) Ces paroles si claires auraient dû dissiper tous les doutes, et, cependant dès l'année suivante, on interrogea encore le Saint-Siège pour savoir si les acquéreurs des biens ecclésiastiques encouraient l'excommunication de la Constitution *Apostolicæ Sedis* spécialement réservée au Souverain Pontife ou seulement celle du Concile de Trente. Il fut répondu qu'ils tombaient sous les coups de cette dernière (2).

(1) « Notre charge nous oblige... de prévenir... les acheteurs de biens ecclésiastiques que tout ce qu'ils ont fait ou feront est réputé nul et invalide, et que tous encourent l'excommunication majeure et autres censures et peines ecclésiastiques promulguées par les saints canons, les constitutions apostoliques et les conciles généraux, notoirement par le concile de Trente... »

(2) « Ad II. Minime dubitandum, quin ementes bona ecclesiastica ab usurpatoribus incidant in excommunicationem Romano Pontifici reservatam : etenim præscindendo

Plus récemment encore la S. Pénitencerie, le 21 mai 1897, répondit que les acquéreurs des biens des religieux mis en vente par le fisc à la suite des lois d'abonnement encouraient l'excommunication du Concile de Trente (1).

Ces témoignages sont péremptoires ; aussi il serait ridicule de distinguer entre les acquéreurs de première et de seconde main, etc. ; les uns et les autres n'en sont pas moins acquéreurs des biens des Congrégations et par conséquent soumis à la censure. De plus il importe peu qu'ils achètent des immeubles ou des biens mobiliers, quelle que soit leur nature, pourvu qu'il y ait matière grave requise pour le péché mortel ; le Concile a énuméré d'une façon très précise la nature des biens dont l'usurpation est frappée de censure. Pour les intermédiaires, par exemple les avoués chargés de faire les mises, ils ne nous semblent pas encourir la peine, puisqu'ils ne sont que des personnes interposées.

Cependant si l'acquéreur ne se proposait en les

a quæstione, an supradicta emptio aliquo modo attingatur a Const. *Apostolicæ Sedis*, art. 11, nulli dubium esse potest, quin comprehendatur a clarissima dispositione, cap. xi, *de Refor.*, sess. xxii, Concilii tridentini. » S. U. Inquis. Congreg. die 8 julii 1874.

(1) « Emptores de quibus agitur incidere in excommunicationem Romano Pontifici simpliciter reservatam vi capitis xi, sess. xxii, de Ref Concilii Tridentini. »

achetant que de les conserver aux Congrégations religieuses ou s'il avait la permission du Saint-Siège, il n'encourrait pas la censure, la clause du Concile ne se réalisant pas : en effet, s'il occupe présentement ces biens, l'achat n'a pas été fait en vue de se les approprier (1). Il en serait de même de ceux qui se présenteraient à la vente publique de ces biens, mais n'en deviendraient pas adjudicataires (2).

Quant à ceux qui achètent les produits ou fruits de ces biens, nous pensons qu'il faut distinguer si l'achat se porte sur les fruits en nature ou non. Dans la première hypothèse, *à suivre rigoureusement les termes du Concile*, on ne pourrait les dire exempts de censure, pourvu que toutes les conditions requises pour l'encourir soient réalisées. Ils sont, en effet, usurpateurs ou occupants injustement les fruits de biens ecclésiastiques. Cependant, comme le remarque le cardinal Gennari (3), l'usage général d'acheter ces productions, le silence et la tolérance des autorités ecclésiastiques portent quelques théologiens à croire que sur ce point la censure est

---

(1) Ces mêmes principes valent également dans les applications suivantes.

(2) La S. Pénitencerie, interrogée sur ce point par l'évêque de Policastro, répondit négativement le 15 avril 1873. Voir Card. GENNARI, *op. cit.*, t. I, consul. III, coll. I, n. 5, not. 3.

(3) *Op. cit.*, consul. VII.

tombée en désuétude. Aussi les confesseurs doivent-ils user de prudence, et, selon les règles ordinaires, laisser, s'il y a lieu, les pénitents dans leur bonne foi.

Dans la seconde hypothèse, au contraire, ces fruits ont changé de nature et nous n'avons qu'à appliquer les principes de la *spécification*. L'usurpateur, de ce fait, devient propriétaire de la matière nouvelle, bien qu'il soit tenu en justice d'indemniser les Congrégations auxquelles son acte aurait porté préjudice, conformément aux lois qui régissent cette matière. L'acheteur n'encourt pas la censure.

2. *Locataires et autres détenteurs de fruits, revenus, rentes des Congrégations.* — Le Concile n'a pas seulement fulminé l'excommunication contre quiconque usurpe le fonds, mais encore contre tout usurpateur des fruits, rentes, revenus ou droits. Encourent donc la censure : 1° le locataire qui prend à bail un bien d'une Congrégation ; il s'attribue le droit de le posséder, d'en jouir, d'en recueillir les fruits et de le convertir à son propre usage ; 2° ceux qui recevraient du gouvernement des biens des Congrégations en emphytéose ; s'ils ont affranchi ces biens, ils rentrent dans la catégorie des acquéreurs injustes (1) ; 3° ceux qui ont acquis des rentes ou

____

(1) L'emphytéose est un droit réel, qui consiste à avoir pleine jouissance d'un immeuble appartenant à autrui, sous la condition de lui payer une redevance annuelle, soit en

droits ecclésiastiques rachetables de leur nature. Le gouvernement n'ayant aucun titre à faire ces ventes, les acquéreurs n'ont pas plus de droits que s'ils avaient acheté à des particuliers sans droit eux-mêmes sur ces rentes ; 4° ceux qui ont affranchi des redevances, rentes, prestations ou autres droits sur ces biens non rachetables de leur nature.

3. *Héritage, legs, donation.* — Le Concile ayant condamné toute usurpation ou occupation de biens ecclésiastiques, accomplie par n'importe qui, de quelque manière, sous quelque couleur ou prétexte que ce soit, ceux qui recevraient les biens liquidés ou vendus, ayant appartenu aux Congrégations religieuses, par voie d'héritage, de legs ou de donation, tomberaient sous la censure du Concile.

4. *Hypothèques placées sur les biens liquidés ou vendus.* — Grever d'hypothèques les biens des Congrégations est chose illicite et défendue par le droit, puisque, pour être hypothéqués, les immeubles doivent être la propriété absolue du débiteur (1).

Or, les biens des Congrégations, après comme avant la liquidation, sont et demeurent la propriété

argent, soit en nature, en reconnaissance de son droit de propriété. Loi du 10 janvier 1824, a. 1.

(1) On appelle hypothèque un droit réel sur les immeubles, affecté à l'acquittement d'une obligation. Code civil, a. 2.114.

de l'Eglise ; d'où il suit que celui qui place hypothèque, ainsi que celui qui l'accepte, usurpe un droit
sur ces biens et par conséquent encourt l'excommunication.

5. *Banquiers.* — La plupart des Congrégations
religieuses ont en dépôt des titres et des valeurs
dans les banques ; peut-être ne les ont-elles pas re-
tirés, alors que la spoliation, dont elles sont l'objet,
était à prévoir. C'est une imprudence que nous
n'avons pas à juger. Mais supposons que le banquier
refuse de les rendre, parce que ces biens, au même
titre que les autres, sont soumis à la liquidation, et,
comme biens vacants, attribués à l'Etat. Ce serait là
une chose injuste et condamnée, puisque les banquiers priveraient les possesseurs légitimes de ces
biens d'en jouir ; or, cet empêchement à la jouissance
de biens ecclésiastiques est frappé de censure par le
Concile de Trente.

Pourrait-on du moins les excuser, s'ils devaient,
en restituant ces valeurs, snbir un grave dommage et
se voir l'objet de poursuites injustes ? C'est une hypothèse que nous nous permettons, et certes sous le
règne de l'arbitraire et du jacobinisme, elle est au
moins plausible. A notre avis, leur cas est analogue
à celui des notaires et devrait être ainsi résolu, soit
en lui-même, soit dans ses conséquences.

Quelle règle de conduite devra tenir le confesseur

à l'égard de ces diverses personnes frappées de censure ? Il nous semble qu'indépendamment des règles générales de justice touchant la restitution des biens d'autrui et la réparation des dommages causés, le confesseur devra attendre ou solliciter les instructions du Saint-Siège ; lui seul a autorité pour indiquer la voie à suivre dans ces occurrences difficiles et pénibles. C'est du reste ce qu'il n'a pas hésité à faire pour l'Italie lors de la spoliation des ordres réguliers et des Congrégations religieuses (1). Quant à l'absolution de la censure, les traités de morale donnent les normes à suivre selon les diverses circonstances où peut se trouver le pénitent.

Avant de terminer cette étude, disons quelques mots de ceux que l'on appelle, par ironie sans doute, *les bénéficiaires de la loi*. Les gouvernements décident parfois de donner une pension à ceux qu'ils ont spoliés, pension prise, bien entendu, sur les biens *incorporés*, pourvu que la liquidation n'ait pas tout dévoré ! Ce sentiment part d'un bon naturel, et, à vrai dire, cette générosité n'impose pas de trop lourdes charges, entourée qu'elle est de conditions et de sous-entendus. Le fait s'est passé en Italie lors de la

(1) Cf. *Nouvelle Revue Théologique*, I, 550, 564 ; VII, 14 ; XI, 126 ; XIII, 158 ; XVIII, 188 sqq. ; XXII, 524 sqq. ; XXIII, 602 ; XXIV, 405, etc. Card. GENNARI, *op. cit.*, consult. II, III, § 5, XV· BALLERINI-PALMIERI, *op. cit.*, III, 442 sq., VII, 401 sq., etc.

suppression des ordres et corporations religieuses ; il est actuel en France.

Ces bénéficiaires sont : 1° LES MEMBRES DES CONGRÉGATIONS. Ils peuvent réclamer les apports au patrimoine commun, qui leur sont échus soit par succession *ab intestat* en ligne directe ou collatérale, soit par donation en ligne directe.

Si ces biens sont restés la propriété des religieux, ceux-ci peuvent en disposer, en prenant l'avis de leurs Supérieurs au sujet du vœu de pauvreté. Si au contraire ces biens sont devenus la propriété de l'ordre ou de la congrégation, les religieux n'y ont aucun droit. La seule chose permise, c'est, *avec l'autorisation des Supérieurs*, de revendiquer ces biens pour les faire servir à l'utilité commune ; mais non pour soi-même, acte qui serait non seulement contraire au vœu de pauvreté, mais encore passible de l'excommunication du Concile de Trente, parce que l'on disposerait pour son utilité personnelle des biens de la communauté.

Quant à la pension, il faut pour la toucher la permission des Supérieurs. Elle est prise, en effet, sur les biens de la congrégation, qui sont des biens ecclésiastiques. D'où il suit que la permission est une condition *sine qua non* pour éviter la censure. De fait, chaque religieux a droit à un honnête entretien pris sur ces biens ; mais cet entretien lui doit être fourni par la communauté, et non point par l'autorité civile.

Ces bénéficiaires sont : 2° LES DONATEURS. « Les biens et valeurs, dit la loi, acquis à titre gratuit... pourront être revendiqués par le donateur, ses héritiers ou ayants droit » a. 18.

Sans aucun doute, les donateurs qui revendiquent les biens des congrégations pour les conserver aux religieux font une chose excellente. Toutefois, comme ces biens sont devenus le patrimoine de la congrégation, il serait préférable que les donateurs, avant d'intenter une action en revendication, se munissent d'un mandat en règle des Supérieurs, car le titre de donateur ne leur confère aucun droit de propriété devant la conscience.

Si eux-mêmes, au contraire, ou leurs ayants droit revendiquent ces biens *pour eux-mêmes*, ils encourent l'excommunication parce qu'ils s'approprient légalement un bien ecclésiastique. Toute donation, en effet, est parfaite du moment où le consentement des deux parties a été donné et par conséquent les biens ainsi donnés aux congrégations cessent d'être des biens purement laïcs ou séculiers et revêtent la nature de biens ecclésiastiques.

Cette excommunicaton frappera également tous ceux à qui ces biens passeront, à titre onéreux ou gratuit, pourvu toutefois qu'ils en connaissent la provenance et la peine qui frappe leurs actions.

Concluons. Nous avons cru utile de traiter cette matière si grave et souvent si inconnue. Le malheur des temps trouble un grand nombre de consciences, et il importe dans l'intérêt des âmes, autant que dans celui de la religion et de la société, de traiter cette matière si délicate et de fournir à tous une solution modérée, mais juste, de ces difficiles problèmes. A l'aide des principes exposés, il sera aisé de résoudre les difficultés qui pourront se présenter, en attendant que le Saint-Siège ait indiqué une norme à suivre dans la pratique.

# TABLE DES MATIÈRES

—



FIN DE LA TABLE

www.ingramcontent.com/pod-product-compliance
Lightning Source LLC
Chambersburg PA
CBHW051134050726
47594CB00003B/1082